탄성력은 탄성을
가진 물체가 원래 상태로
되돌아가려는 힘이야.

고무줄에 탄성력이
있어서 그래.

늘었다 줄었다!

글 장기화

1970년 서울에서 태어나 부산에서 자랐습니다.
부산 경성대학교에서 물리학을 공부했고
1992년 용연문학상 희곡 부문에 입상하였습니다.
지금은 어린이들에게 글쓰기를 가르치면서
좋은 동화책을 쓰기 위해 노력하고 있습니다.

그림 김순영

서울에서 태어나 인덕대학교에서 일러스트를
전공했습니다.
작품으로는 <임금님이 주신 부채>, <만약에>,
<술이 나오는 그림> 등이 있습니다.
어린이들에게 꿈과 희망을 주는 그림을
그리기 위해 노력하고 있습니다.

감수 김중복

고려대학교 물리학과를 졸업하고 한국과학기술원에서
이학박사 학위를 받았습니다. 현재는 한국교원대학교
물리교육과 교수를 맡고 있습니다.
그동안 쓴 책으로는 <과학교사를 위한 빛과 파동>,
<파동과 진동> 등이 있습니다.

물체와 물질·탄성력 20 늘었다 줄었다 늘었다 줄었다

장기화 글 · 김순영 그림 · 김중복 감수
펴낸곳 (주)아람키즈 | 펴낸이 이소영 | 주소 서울특별시 성동구 성수이로 147, 아이에스비즈타워 2F
고객센터 1644-4521 | 팩스 02-468-5548 | 홈페이지 www.aramkids.co.kr | 출판등록 제2020-000011호
기획 · 편집 · 디자인 (주)아람키즈 하늘땅
ISBN 979-11-6543-529-5 979-11-6543-574-5(세트)

늘었다 줄었다
늘었다 줄었다

장기화 글 · 김순영 그림 · 김중복 감수

아람키즈

이것 좀 봐!
늘어났다, 되돌아왔다,
늘어났다, 되돌아왔다…….
신기하네!

6

엄마 고무장갑도 잡아당겨 볼까?
손가락을 당기면 쭉 늘어났다 되돌아오고.
아빠가 끼면 아빠의 손만큼 장갑도 커져.

9

늘었다 줄었다, 늘었다 줄었다.
왜 그럴까?

말랑말랑 고무라서 그래.
고무는 쭉쭉 잡아당겨도
다시 원래대로 돌아와.

11

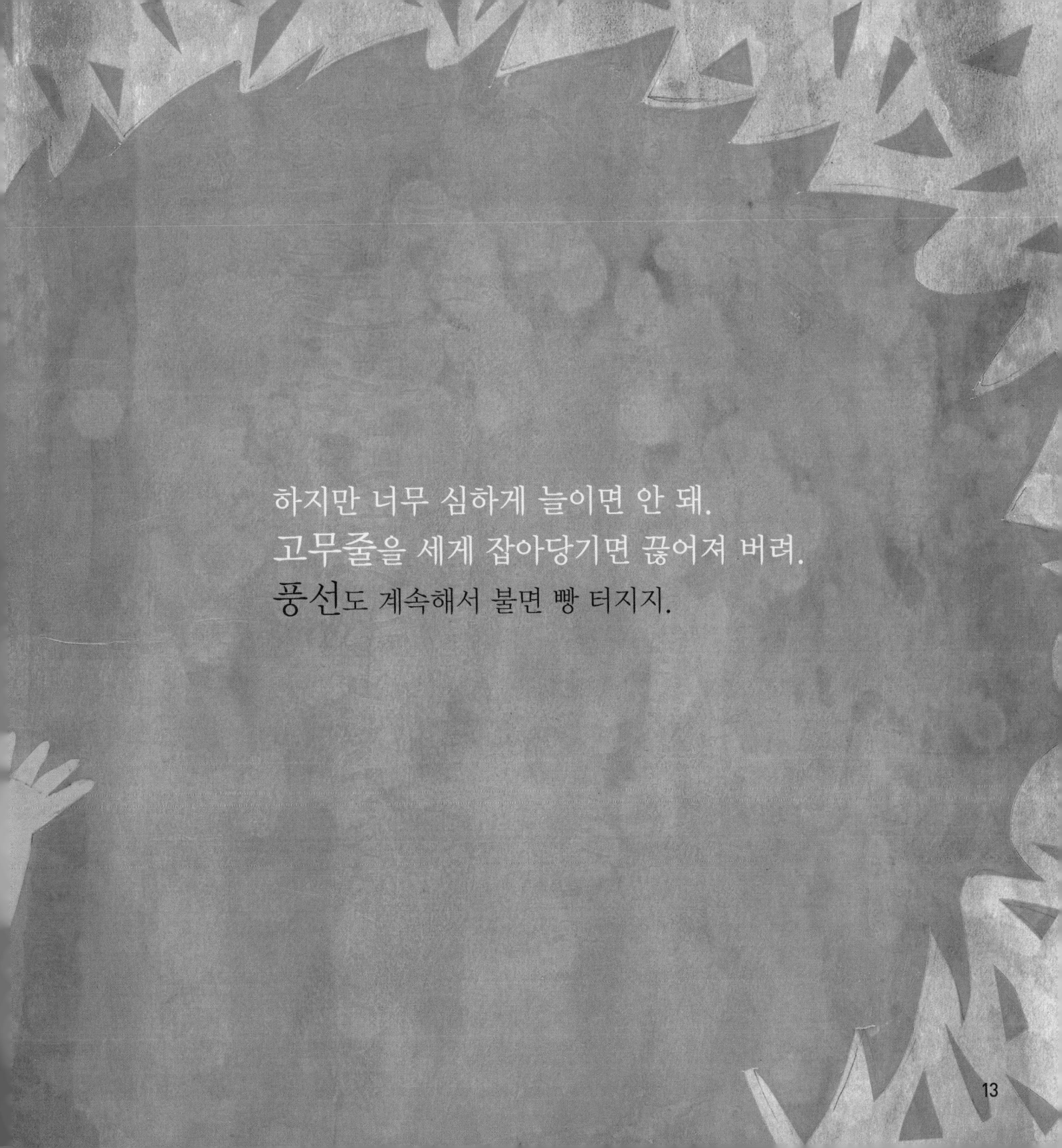

하지만 너무 심하게 늘이면 안 돼.
고무줄을 세게 잡아당기면 끊어져 버려.
풍선도 계속해서 불면 빵 터지지.

고무는 매일 우리랑 같이 다녀.
바로 여기, **신발 밑**에 있어.
말랑말랑 고무가 있어서 발이 아프지 않고,
신나게 뛰어놀 수 있는 거야.

아빠의 운동 기구야.
줄어들었다, 되돌아왔다,
줄어들었다, 되돌아왔다…….
신기하네!

누르면 줄어들고,
힘을 빼면 다시 돌아오네.
빙글빙글 용수철*이 들어 있어서
꾹꾹 눌러도 다시 원래대로 돌아와.

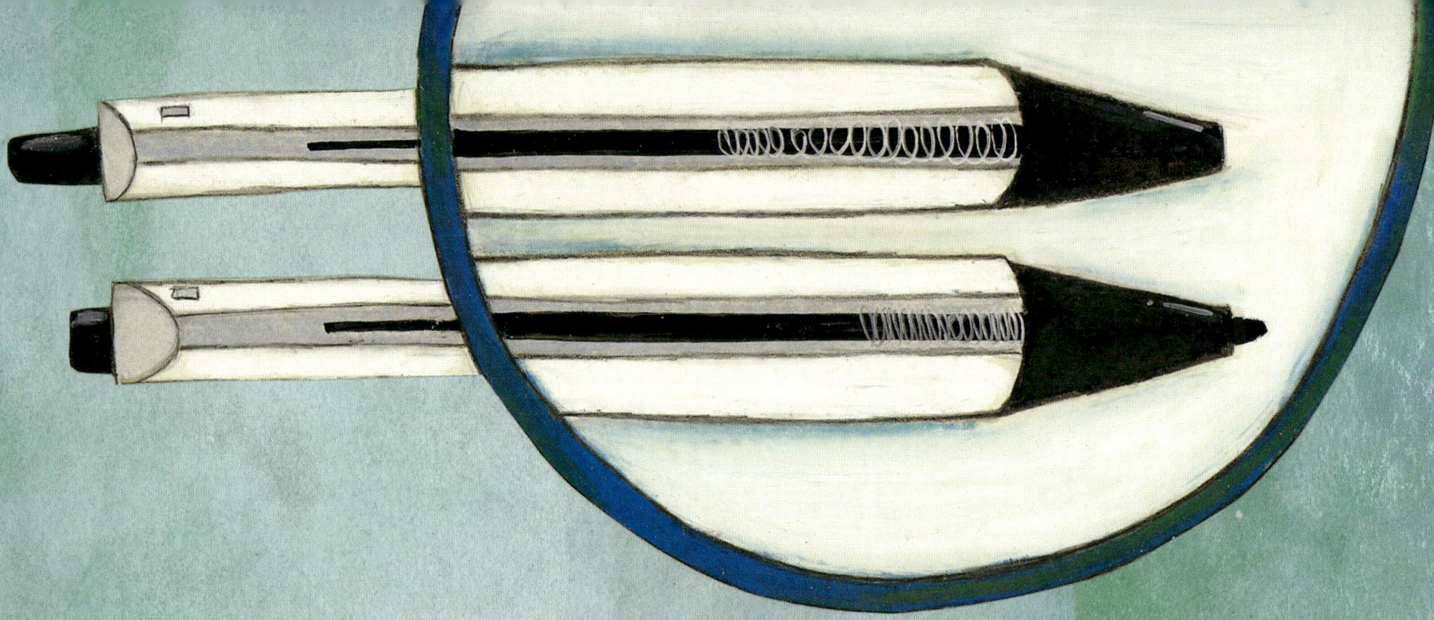

엄마가 쓰는 볼펜 속에도 작은 용수철이 들어 있어서
볼펜 심을 넣었다 뺐다 할 수 있는 거야.
매일 타고 노는 자전거에도 있는데, 찾아 볼까?

의자 밑에 있는 용수철 때문에
울퉁불퉁한 길도
폭신폭신 기분 좋게
달릴 수 있어.

하지만 너무 세게 누르면 원래대로 돌아오지 못해.
침대에서 폴짝폴짝 뛰면 침대가 꺼져
불편해서 잠을 잘 수가 없어.

용수철을 사용한 기구 중에
트램펄린*, **완력기***, 빨래집게 같은
것은 세게 힘을 줘도, 늘어났다가
원래대로 잘 돌아와요.

용수철은 우리를 재미있게 해 주기도 해.
하늘 높이 뛰어오르고 싶다면
용수철이 도와줄 거야.

말캉말캉 스펀지도 줄어들었다
원래 모습으로 되돌아와.
손으로 조몰락거리다가 펴면, 짠!
원래 모양으로 다시 돌아와.

27

엄마의 **스타킹**, 아빠의 **양말**에도
잘 늘어나는 게 들어 있어.

참, 작다고 우습게 보지 마.
거미줄은 아주 가늘어도 튼튼하고,
고무보다 훨씬 잘 늘어난다고.

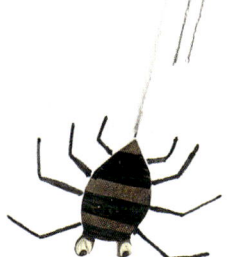

휘어졌다 제자리로 돌아오는
힘을 이용한
운동 경기도 있어.

긴 막대의 굽었다 펴지는 힘으로
높은 곳을 뛰어넘기도 하고,

높은 곳에서 시원한 물속으로
멋지게 뛰어들기도 해.

활쏘기도 활이 휘어져서
화살이 날아가는 거야.

잡아당기면 늘어났다가
다시 되돌아오는 것이 많지?
누르면 줄어들었다가
다시 되돌아오는 것도 있고.
그럼, 늘었다 줄었다 늘었다 줄었다
하는 걸 더 찾아 볼까?

신나는 과학놀이

문제 다음 중 잡아당기면 늘어났다 줄어드는 탄성력을 가진 물건이 **아닌 것**은 무엇일까요?

 **① 고무장갑**

② 용수철

③ 고무총

④ 찰흙

정답은?

문제 다음 중 **잘못된 말**을 고르세요.

① 트램펄린에는 용수철이 있어.

② 활은 휘어졌다 제자리로 돌아와.

③ 스펀지는 줄어들었다 원래 모습으로 돌아오지 않아.

④ 신발 밑에 고무가 있으면 발이 아프지 않아.

정답은?